Christophe

Y. 1e 40484

PROMENADE
DANS
LES RUES
DE
CHARTRES,
POT-POURRI TOPOGRAPHIQUE.

Par Emmanuel Christophe.

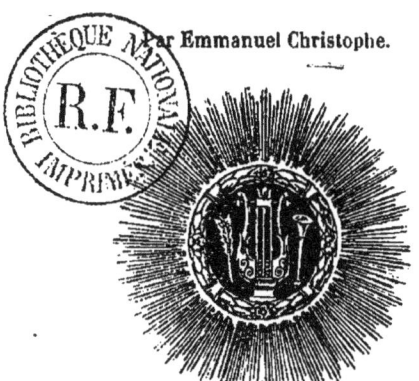

CHARTRES.
GARNIER, IMPRIMEUR-LIBRAIRE,
Place des Halles, 16 et 17.
1848.

INTRODUCTION.

AUX CHARTRAINS.

En me lisant, on pourrait croire
Que je suis un des arrivants,
Et cependant, il est notoire
Qu'ici je suis depuis quinze ans.
Celui qui veut voir et s'instruire,
Qu'en mes couplets je fais parler,
Est un malin, j'ose le dire,
Qui sait un peu philosopher.

Quant à moi, j'aime votre ville,
Sa cathédrale, ses clochers,
Ses anciens remparts, sa Courtille,
La rouille de ses vieux foyers;
J'aime l'air pur qu'on y respire,
La douceur de ses habitants;
Ses environs, je les admire,
Surtout quand ils sont verdoyants.

Aucunement je ne partage
Le goût d'un poète chartrain (1)
Pour les champs privés de feuillage
Qui ne produisent que du grain (2).
Je leur préfère la vallée,
Couverte d'aunes, de cyprès,
Où l'Eure, à travers la feuillée,
Coule lentement, sans apprêts.

(1) M. Noël Parfait, auteur de la BEAUCERONNE, charmante pièce de vers.
(2) Ces champs de blé, la richesse du pays, sont précieux, je les aime sous ce rapport; mais, pour la promenade, ils n'offrent ni variété, ni fraîcheur.

Là, sous la bienfaisante brise,
Je rêve aux exploits de MARCEAU,
Au sort d'Abailard, d'Héloïse,
Si bien décrit par COLARDEAU.
Sous le masque de Melpomène,
Je vois ROTROU, qui, le premier,
Introduisit sur notre scène
Un goût plus pur, plus régulier.

Lorsqu'aux récits touchants, tragiques,
Mon cœur ému se sent plier,
Je reviens aux vers satiriques
De DULAURENS ou de REGNIER ;
Je relis COLLIN-D'HARLEVILLE
Et DESPORTES, auteurs sans fard,
Ou je fredonne un vaudeville
Avec l'honnête et gai PANARD.

Si parfois ce dernier m'inspire,
Vite, je saisis mon crayon,
Et, faisant effort sur ma lyre,
J'obtiens bientôt une chanson.
C'est ainsi qu'assis sur l'herbette,
Je composai ce pot-pourri.
Si vous le trouvez un peu bête,
Je n'en aurai point de souci.

NOTA. Tous les auteurs ci-dessus cités appartiennent à la Beauce.

PROMENADE
DANS LES RUES DE CHARTRES,

POT-POURRI TOPOGRAPHIQUE.

Nota. Les mots en caractère italique (ou penché) sont des noms de rues, places, tertres, etc.

Air : Buvons, rions, en quatre points c'est ma morale.

Les curieux, les voyageurs,
Qui dans maints lieux passent leur vie,
Sont souvent de *Vieux-Rapporteurs*
Qui bavardent comme une *Pie* ;
Mais moi, sans être un *Soleil-d'Or*,
Sans avoir la langue *Dorée*,
Je vais vous conter tout d'abord
Ce que j'ai vu dans ma tournée.

Air du Compère Bonaventure.

J'ai quitté mes *Acacias*,
  Mon *Cheval-Blanc*, ma *Chèvre*,
De ma chaumière le tracas,
  Et ma femme qui sèvre,
Pour voir le séjour tant vanté
  Des Carnutes antiques,
De ses clochers la majesté,
  Et ses porches gothiques.

Air : V'la c'que c'est qu'd'aller au bois.

J'arrive par un temps très beau
Tout près de la place *Marceau*;
C'est, je crois, dans la rue du *Cygne*;
  Je cherche et m'assigne
  Une auberge digne :
Je prends *Courte-Soupe*, et m'endors
Comme on fait au séjour des *Morts*.

Air du Vaudeville de l'Apothicaire.

Le matin, sans trop de façons,
Moyennant un peu de *Monnaie*,
Je déguste mes *Trois-Flacons*
Pour humecter un plat de raie :
J'étais moi-même mon caissier,
Je ne craignais pas une *Brêche*;
Contrairement au vieux *Regnier*,
Dont la bourse était toujours sèche.

Air : Trouverez-vous un parlement.

Je n'eus pas plus tôt fait un pas
Dans cette ville qui *Serpente*,
Que, comme un *Chien-Vert* sans repas,
Je suis trompé dans mon attente.
Mais, pour me distraire un instant,
J'entre chez monsieur *Coupe-Barbe*,
Qui, prompt comme un *Grand-Cerf* volant,
Me prive à l'instant de ma barbe.

Air : Dans les gardes françaises.

Au coin de chaque rue
Je lis chaque écriteau ;
Sans avoir la berlue,
Je relis de nouveau :
Partout des noms cocaces
Que je voudrais savoir,
Me causent des grimaces ;
Or, vous allez le voir.

Air : Je voudrais voir à chaque instant.

Janvier, Puits-Berchot, Puits-de-l'Ours,
Cornus, Lin, Frou, Moutonnerie,
Tire-Veau, Fort-Boyau, Bas-Bourgs,
Vide-Boudin, Pot-Vert, Ortie ;
Ajoutez à tous ces beaux noms,
Avedam et *Poêle-Percée,*
Du goût de nos anciens patrons
Vous aurez une juste idée.

Air : De sommeiller encor, ma chère.

Curieux, je reprends courage,
J'avance comme un *Poisson-Doux :*
Je regarde chaque étalage
De *Trois-Marchands* fiers et jaloux ;
Pourtant, l'un paraissait bon diable
Et jasait avec ses voisins ;
Les autres, d'un ton peu traitable,
Avaient l'air de *Vieux-Capucins.*

Air : Je loge au quatrième étage.

Je me dis : Il en est de même
Dans chaque ville, chaque bourg ;
L'ardeur de gagner est extrême ;
Les *Juifs* n'ont pas toujours leur tour. (bis.)
En vérité, la concurrence
Fait de tout homme un ennemi :
Par elle on pourra voir en France
Une autre *Saint-Barthélemy*.

Air : Fidèle époux, franc militaire.

Mais, hélas ! pourquoi le *Massacre*
Entre gens du même pays,
Quand la *Croix-aux-Moines* consacre
L'union entre les partis ?
Non, l'on ne verra point *l'Hospice*
Recevoir les blessés mourants,
Qui, victimes d'une injustice,
Tremblent et sont des *Claque-Dents*.

Air : Ne dérangez pas le monde.

Tout en jasant en moi-même,
Je vois un *Bœuf-Couronné*
Près de la rue *Sainte-Même ;*
Je n'en suis pas étonné ;
Car bientôt un *Chapeau-Rouge*
Sur le chef d'un jovial
Qui promenait un *Ours-Rouge*,
M'annonce le carnaval.

Air du Petit-Matelot.

En effet, par toute la ville
On voit des Turcs, des *Ecuyers*,
Et le bon *Collin-d'Harleville*
Dans une troupe de bergers ;   (bis.)
Des jeunes-france aux crins bien *Lisses*,
Et des pierrots et des *Bouchers*
Faisant de joyeux exercices
Sur la *Butte des Charbonniers*.

Air : Et lon, lan, la, landérirette.

Mais je ne suis point en ville
Pour jouer aux *Quatre-Coins*,
Ni pour voir, à la *Courtille*,
Brûler vifs les mannequins ;
Encor bien moins mon cœur pétille
De voir les *Anes* aux *Moulins*.

Air : Du haut en bas.

Je dois tout voir,
La *Gargouille*, la *Planche-aux-Carpes*,
Et l'*Abattoir*
Avec son sang, son *Abreuvoir* ;
Puis, au nouvel *Embarcadère*,
Amonceler *Pierre* sur pierre ;
Je dois tout voir.

Air : Avec les jeux dans le village.

Tout près est une *Gloriette*
Qui ressemble à l'*Etape-au-Vin*,
Où plus d'un gaillard en goguette
Entre et sort du soir au matin :
Franchissant *Fossés*, *Haute-Borne*,
L'un laisse là ses *Trois-Maillets*,
L'autre son marteau, sa bigorne,
Pour savourer les vins clairets.

Air : On dit que je suis sans malice.

Dans un jardin du voisinage,
Que vois-je à travers le feuillage ?
C'est le *Pélican*, l'*Epervier*,
Oiseaux tenant du carnassier,
Qui, craignant qu'elle ne s'échappe,
Vont de leur bec mordre à la *Grappe*;
Puis, frôlant un *Chêne-Doré*,
S'en vont par un *Etroit-Degré*.

Air : Une fille est un oiseau.

En revenant sur mes pas,
Je vis une *Percheronne*
Portant, au lieu de *Couronne*,
Un bonnet à falbalas ;
Elle avait peau, taille fines,
L'air réservé des *Béguines :*
Que trompeuses sont les mines !
Les hommes sont abusés.
Car j'appris que la coureuse,
Le soir, très peu scrupuleuse,
Péchait dans les *Petits-Blés*.   (bis.)

Air de la Grisette.

   Mince Aristarque,
   Moi, je remarque
 Qu'on est ici médisant et bavard;
   Que tout le monde,
   A tour de ronde,
   Prend bien sa part
   Au séduisant *Billard*.
Et si parfois quelqu'un y fait son *Beurre*,
Combien, hélas! n'y réussissent pas!
L'appât du gain n'est trop souvent qu'un leurre;
On perd, on est aussi gueux que des *Rats;*
   Et par des *Changes*
   Et des échanges,
On veut en vain se former un abri;
   La confiance
   Perd sa puissance,
Et bien souvent on court au *Pilori*.

Air du Menuet d'Exaudit.

  J'oubliais
  Deux *Beauvais*,
  Clouterie,
Thérèse, Petit-Cerf, Lin,
Prêtres et *Saint-Martin,*
  Boucherie,
  Tannerie;
  Filles-Dieu,
  Hôtel-Dieu,
  Foulerie,
Fumiers, Pied-Plat et *Grenets,*
Herbes, Puits-d'Or, Balais,
  Mairie.

Je fais ici des folies ;
J'omettais *Chantault*, *Poulies*,
Rue du *Bourg*,
Grand-Faubourg
Et *Saint-Brice*,
Saint-Aignan
Et *Saint-Eman*,
Puis le *Moulin-à-Tan*,
Maurice ;
Rue *aux Cois*,
Saint-François,
Poissonn'rie,
Croix-Jumelin,
Robert-Blin,
Pied-Plat, et puis enfin,
Tuil'rie.

AIR : Bonjour, mon ami Vincent.

Mais, grands dieux, qu'ai-je entrepris ?
Je suis perdu dans les rues ;
Il me serait bien permis
De faire quelques bévues ;
Je finis ici
Ce long pot-pourri ;
Pourtant, foi d'ami,
J'en suis bien marri ;
Mais je crains trop les *Barricades*,
Et *Mare* et *Pavé*,
Bois-Merrain groupé.
Ne vas pas, lecteur,
Être persiffleur,
Et, dans ton humeur,
Ecraser l'auteur.

ALLÉGORIES TOPOGRAPHIQUES.

Nota. Personne, je pense, ne se formalisera des applications que nous faisons de chaque nom de rue : ce sont tout simplement des jeux de mots écrits sans mauvaises intentions et sans envie de blesser qui que ce soit.

Avis d'un Père à son Fils,

PARTANT POUR LA VILLE DE CHARTRES.

Tu logeras rue de la Monnaie ;
Tu trouveras la Vertu rue du Cygne ;
Le Mérite, rue de la Couronne ;
L'Hospitalité, rue Saint-Julien ;
La Sagesse, rue des Prêtres ;
La Douceur, impasse de la Moutonnerie ;
La Confiance, rue Sainte-Foy ;
La Conscience, rue aux Juifs ;
La Fortune, rue du Puits-d'Or ;
La Vanité, rue de la Grenouillère ;
La Douleur, rue de l'Ortie ;
La Gêne, rue de l'Étroit-Degré ;
La Sobriété, rue Courte-Soupe ;
L'Esprit, rue Collin-d'Harleville ;
La Musique, à l'Ane-qui-Vielle ;
Le Luxe, rue Dorée ;
Le Commerce, rue des Changes ;
L'Agriculture, rue du Bœuf-Couronné ;
L'Architecture, à la Cathédrale ;
La tendresse maternelle, rue du Pélican ;
La Gloutonnerie, rue de l'Epervier ;
Les Dévotes, rue des Filles-Dieu ;
Les Médecins, rue des Morts ;

Les Usuriers, tertre aux Rats ;
Les Stupides, rue aux Anes ;
Les Bavards, rue de la Pie ;
Les Indiscrets, rue des Vieux-Rapporteurs ;
Les Orgueilleux, rue du Soleil-d'Or ;
Les Plaideurs, rue Saint-Jacques ;
Les Radoteurs, rue des Vieux-Capucins ;
Les Flatteurs, rue du Poisson-Doux ;
Les Médisants, rue Regnïer ;
Les Incrédules, rue Saint-Thomas ;
Les Joueurs de poule, place Billard ;
Les Fainéants, rue des Oiseux ;
Les Esprits faux, rue Serpente ;
Les Buveurs de vin, rue des Trois-Flacons ;
Les Buveurs d'Eau, rue de l'Abreuvoir ;
Les Frileux, rue Claque-Dents ;
Les Héros, rue Marceau ;
Les Braves, rue du Rempart et rue de la Brêche ;
Les Luthiers, carrefour du Fort-Boyau ;
Les Ecuyers, rue du Cheval-Blanc ;
Les Bouviers, rue Tire-Veau ;
Les Menuisiers, rue des Trois-Maillets ;
Les Scieurs de long, rue du Bois-Merrain ;
Les Tisserands, Marché à la Filasse ;
Les Perruquiers, rue Coupe-Barbe ;
Les Chapeliers, rue du Chapeau-Rouge ;
Les Marchands de mottes, rue du Moulin-à-Tan ;
Les Marrons, rue de la Poêle-Percée ;
Le Poisson, rue Planche-aux-Carpes ;
Les Légumes, rue aux Herbes ;
La bonne chère, rue des Bouchers ;
Les Patiens, rue du Pilori ;
Et beaucoup de Maris, rue du Croque-Serf.

FIN.

www.ingramcontent.com/pod-product-compliance
Lightning Source LLC
Chambersburg PA
CBHW061614040426
42450CB00010B/2481